Impressum
Verlag: BABADADA GmbH, Nedderfeld 112 , 22529 Hamburg
Geschäftsführer / Verlagsleitung: Harald Hof
Druck: Books on Demand GmbH, In de Tarpen 42, 22848 Norderstedt

Imprint
Publisher: BABADADA GmbH, Nedderfeld 112 , 22529 Hamburg, Germany
Managing Director / Publishing direction: Harald Hof
Print: Books on Demand GmbH, In de Tarpen 42, 22848 Norderstedt, Germany

skola
Schule

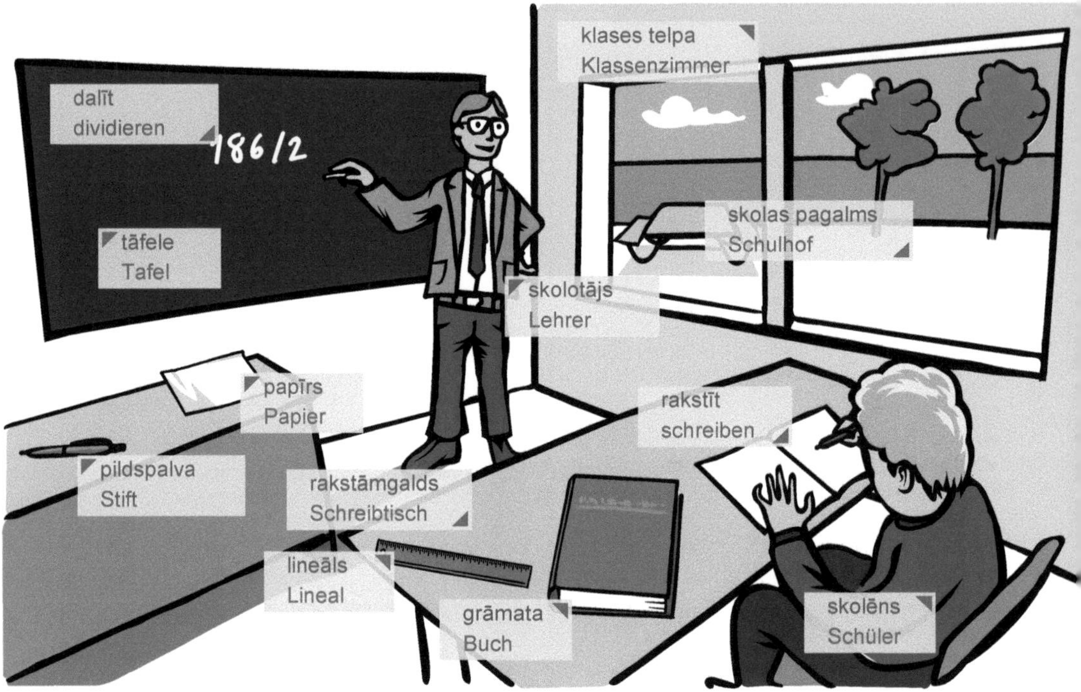

klases telpa
Klassenzimmer
dalīt
dividieren
186/2
tāfele
Tafel
skolas pagalms
Schulhof
skolotājs
Lehrer
papīrs
Papier
rakstīt
schreiben
pildspalva
Stift
rakstāmgalds
Schreibtisch
lineāls
Lineal
grāmata
Buch
skolēns
Schüler

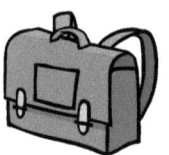

skolas soma

Ranzen

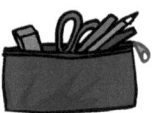

penālis

Federmappe

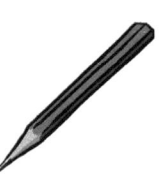

zīmulis

Bleistift

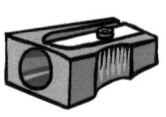

zīmuļu asināmais

Bleistiftanspitzer

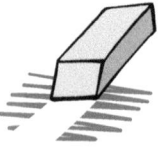

dzēšgumija

Radiergummi

zīmēšanas bloks

Zeichenblock

zīmējums

Zeichnung

ota

Pinsel

krāsas

Malkasten

šķēres

Schere

līme

Klebstoff

darba burtnīca

Übungsheft

mājas darbs

Hausaufgabe

skaitlis

Zahl

saskaitīt

addieren

atņemt

subtrahieren

reizināt

multiplizieren

rēķināt

rechnen

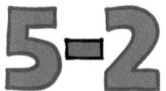

burts

Buchstabe

alfabēts

Alphabet

vārds

Wort

teksts

Text

lasīt

lesen

krīts

Kreide

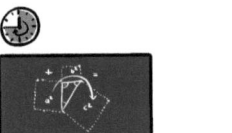

mācību stunda

Stunde

žurnāls

Klassenbuch

eksāmens

Prüfung

liecība

Zeugnis

skolas forma

Schuluniform

izglītība

Ausbildung

enciklopēdija

Lexikon

universitāte

Universität

mikroskops

Mikroskop

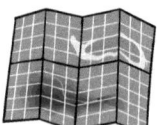

karte

Karte

papīrgrozs

Papierkorb

ceļojums
Reise

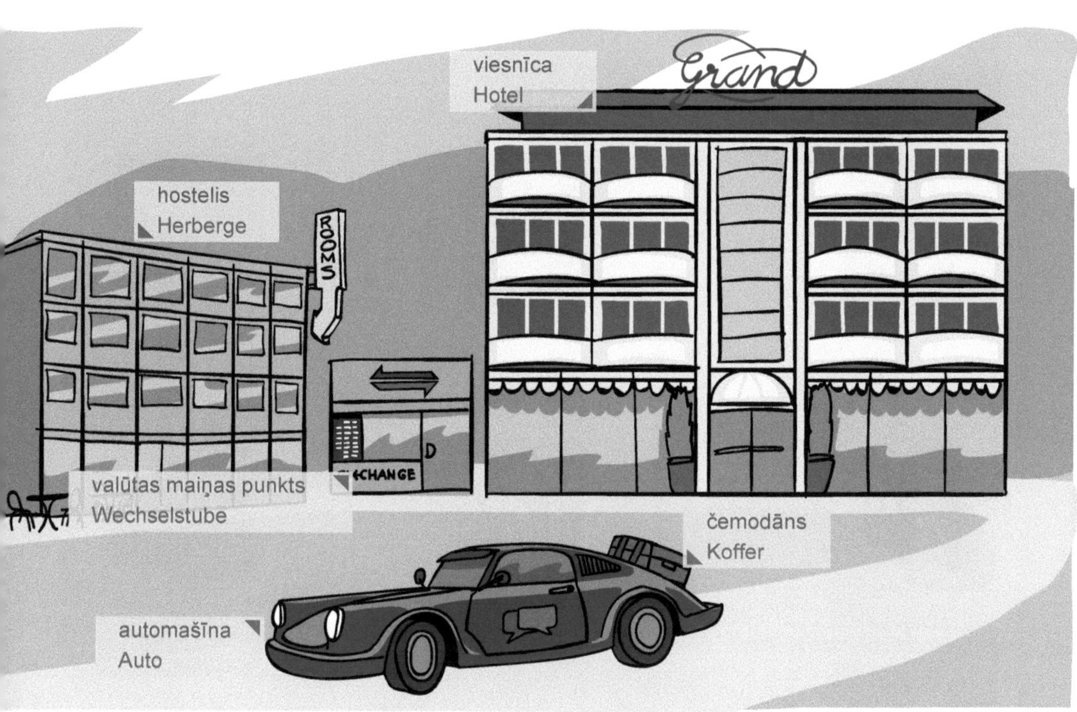
viesnīca
Hotel
Grand
hostelis
Herberge
ROOMS
valūtas maiņas punkts
Wechselstube
čemodāns
Koffer
automašīna
Auto

Valoda

Sprache

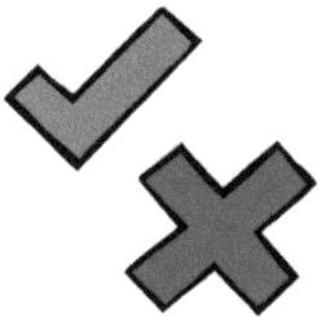

jā / nē

ja / nein

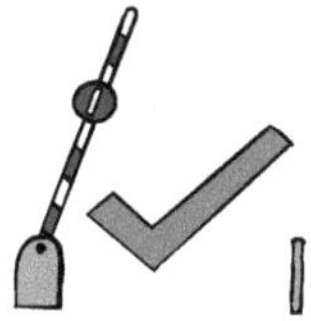

Okay

Okay

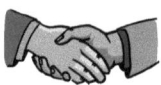

Sveiki!

Hallo

tulks

Übersetzer

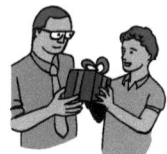

paldies

Danke

Cik maksā...?

Was kostet...?

Es nesaprotu

Ich verstehe nicht

problēma

Problem

Labvakar!

Guten Abend!

Labrīt!

Guten Morgen!

Ar labu nakti!

Gute Nacht!

Uz redzēšanos

Auf Wiedersehen

virziens

Richtung

bagāža

Gepäck

soma

Tasche

mugursoma

Rucksack

viesis

Gast

istaba

Zimmer

guļammaiss

Schlafsack

telts

Zelt

tūrisma informācija

Touristeninformation

pludmale

Strand

kredītkarte

Kreditkarte

brokastis

Frühstück

pusdienas

Mittagessen

vakariņas

Abendessen

biļete

Fahrkarte

lifts

Fahrstuhl

pastmarka

Briefmarke

robeža

Grenze

muita

Zoll

vēstniecība

Botschaft

vīza

Visum

pase

Pass

transports
Transport

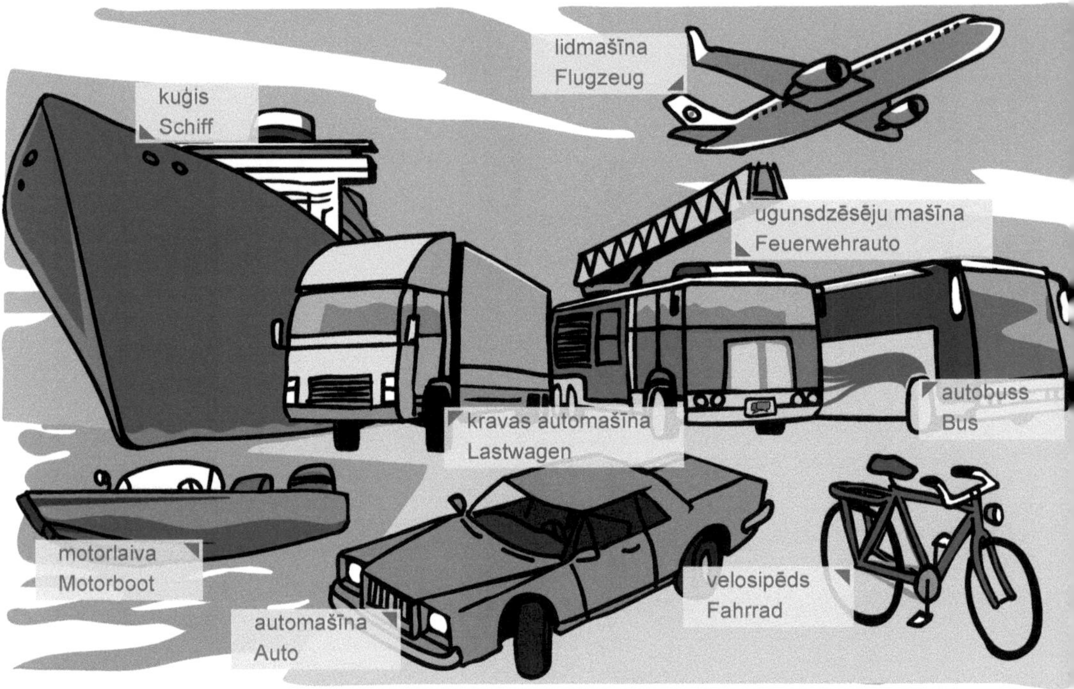
lidmašīna
Flugzeug
kuģis
Schiff
ugunsdzēsēju mašīna
Feuerwehrauto
autobuss
Bus
kravas automašīna
Lastwagen
motorlaiva
Motorboot
velosipēds
Fahrrad
automašīna
Auto

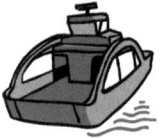

prāmis

Fähre

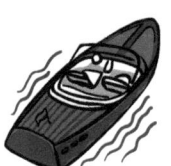

laiva

Boot

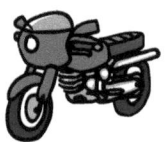

motocikls

Motorrad

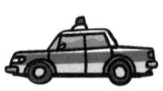

policijas automašīna

Polizeiauto

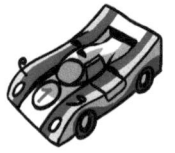

sacīkšu automobilis

Rennauto

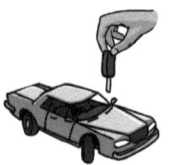

nomas auto

Mietwagen

auto koplietošana

Carsharing

evakuators

Abschleppwagen

atkritumu mašīna

Müllauto

dzinējs

Motor

benzīns

Kraftstoff

degvielas uzpildes stacija

Tankstelle

ceļa zīme

Verkehrsschild

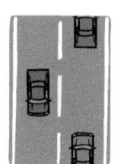

satiksme

Verkehr

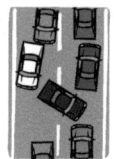

sastrēgums

Stau

stāvvieta

Parkplatz

dzelzceļa stacija

Bahnhof

sliedes

Schienen

vilciens

Zug

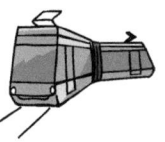

tramvajs

Straßenbahn

vagons

Wagon

helikopters
Helikopter

lidosta
Flughafen

tornis
Tower

pasažieris
Passagier

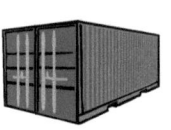

konteiners
Container

kaste
Karton

ratiņi
Karren

grozs
Korb

pacelties / nosēsties
starten / landen

pilsēta
Stadt

ciems
Dorf

pilsētas centrs
Stadtzentrum

māja
Haus

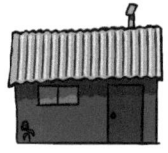

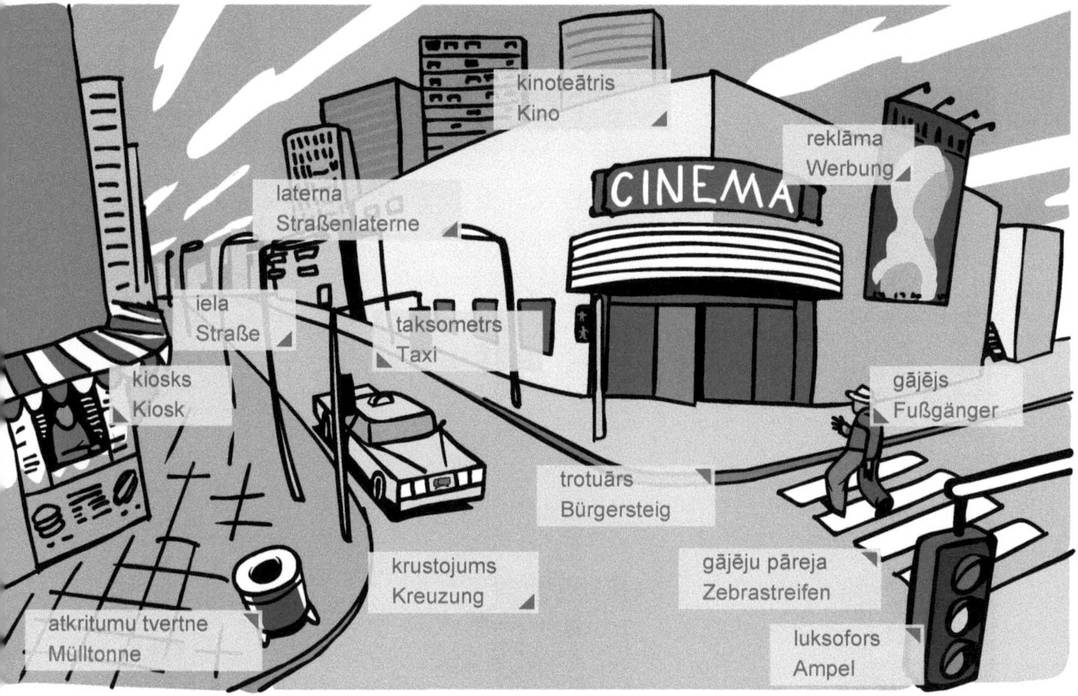
kinoteātris
Kino
reklāma
Werbung
CINEMA
laterna
Straßenlaterne
iela
Straße
taksometrs
Taxi
kiosks
Kiosk
gājējs
Fußgänger
trotuārs
Bürgersteig
krustojums
Kreuzung
gājēju pāreja
Zebrastreifen
atkritumu tvertne
Mülltonne
luksofors
Ampel

būda

Hütte

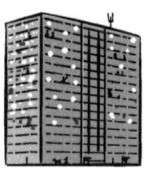

dzīvoklis

Wohnung

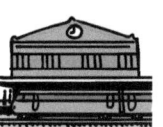

dzelzceļa stacija

Bahnhof

rātsnams

Rathaus

MUSEUM

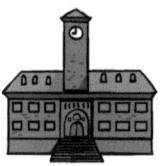

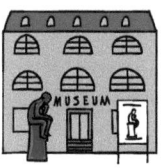

muzejs

Museum

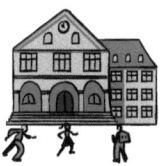

skola

Schule

universitāte

Universität

banka

Bank

slimnīca

Krankenhaus

viesnīca

Hotel

aptieka

Apotheke

birojs

Büro

grāmatnīca

Buchhandlung

veikals

Geschäft

ziedu veikals

Blumenladen

lielveikals

Supermarkt

tirgus

Markt

tirdzniecības centrs

Kaufhaus

zivju tirgotājs

Fischhändler

tirdzniecības centrs

Einkaufszentrum

osta

Hafen

parks
Park

sols
Bank

tilts
Brücke

kāpnes
Treppe

metro
U-Bahn

tunelis
Tunnel

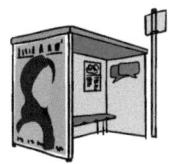

autobusa pieturvieta
Bushaltestelle

bārs
Bar

restorāns
Restaurant

pastkastīte
Briefkasten

ielas nosaukuma plāksne
Straßenschild

stāvlaika skaitītājs
Parkuhr

zooloģiskais dārzs
Zoo

peldbaseins
Badeanstalt

mošeja
Moschee

zemnieku saimniecība

Bauernhof

vides piesārņojums

Umweltverschmutzung

kapsēta

Friedhof

baznīca

Kirche

spēļu laukums

Spielplatz

templis

Tempel

ainava
Landschaft

lapa
Blatt

ceļrādis
Wegweiser

ceļš
Weg

pļava
Wiese

akmens
Stein

koks
Baum

ceļotājs
Wanderer

upe
Fluss

zāle
Gras

puķe
Blume

ieleja

Tal

kalns

Berg

ezers

See

mežs

Wald

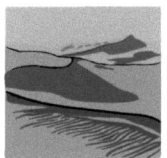

tuksnesis

Wüste

vulkāns

Vulkan

pils

Schloss

varavīksne

Regenbogen

sēne

Pilz

palma

Palme

moskīts

Moskito

muša

Fliege

skudra

Ameise

bite

Biene

zirneklis

Spinne

vabole

Käfer

varde

Frosch

vāvere

Eichhörnchen

ezis

Igel

zaķis

Hase

pūce

Eule

putns

Vogel

gulbis

Schwan

meža cūka

Wildschwein

briedis

Hirsch

alnis

Elch

aizsprosts

Staudamm

vēja ģenerators

Windrad

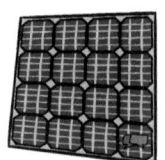

saules baterija

Solarmodul

klimats

Klima

ainava - Landschaft

restorāns
Restaurant

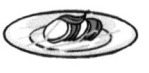

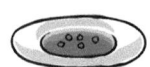

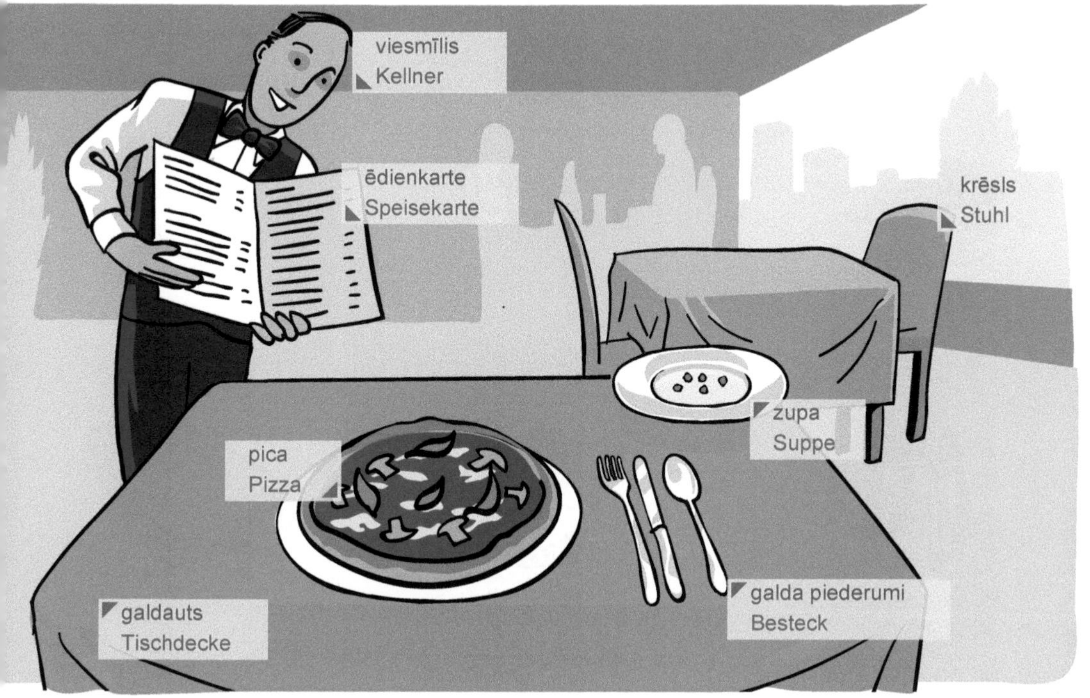
viesmīlis
Kellner
ēdienkarte
Speisekarte
krēsls
Stuhl
zupa
Suppe
pica
Pizza
galda piederumi
Besteck
galdauts
Tischdecke

uzkoda

Vorspeise

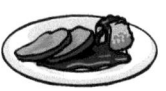

pamatēdiens

Hauptgericht

deserts

Nachspeise

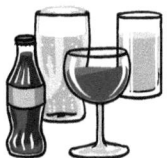

dzērieni

Getränke

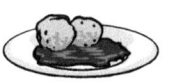

ēdiens

Essen

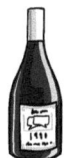

pudele

Flasche

ātrās uzkodas

Fastfood

ielu uzkodas

Streetfood

tējkanna

Teekanne

cukurtrauks

Zuckerdose

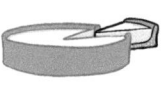

porcija

Portion

espresso kafijas automāts

Espressomaschine

bāra krēsls

Hochstuhl

rēķins

Rechnung

paplāte

Tablett

nazis

Messer

dakša

Gabel

karote

Löffel

tējkarote

Teelöffel

salvete

Serviette

glāze

Glas

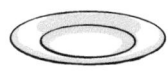

šķīvis

Teller

zupas šķīvis

Suppenteller

apakštase

Untertasse

mērce

Sauce

sāls trauciņš

Salzstreuer

piparu dzirnaviņas

Pfeffermühle

etiķis

Essig

eļļa

Öl

garšvielas

Gewürze

kečups

Ketchup

sinepes

Senf

majonēze

Mayonnaise

lielveikals
Supermarkt

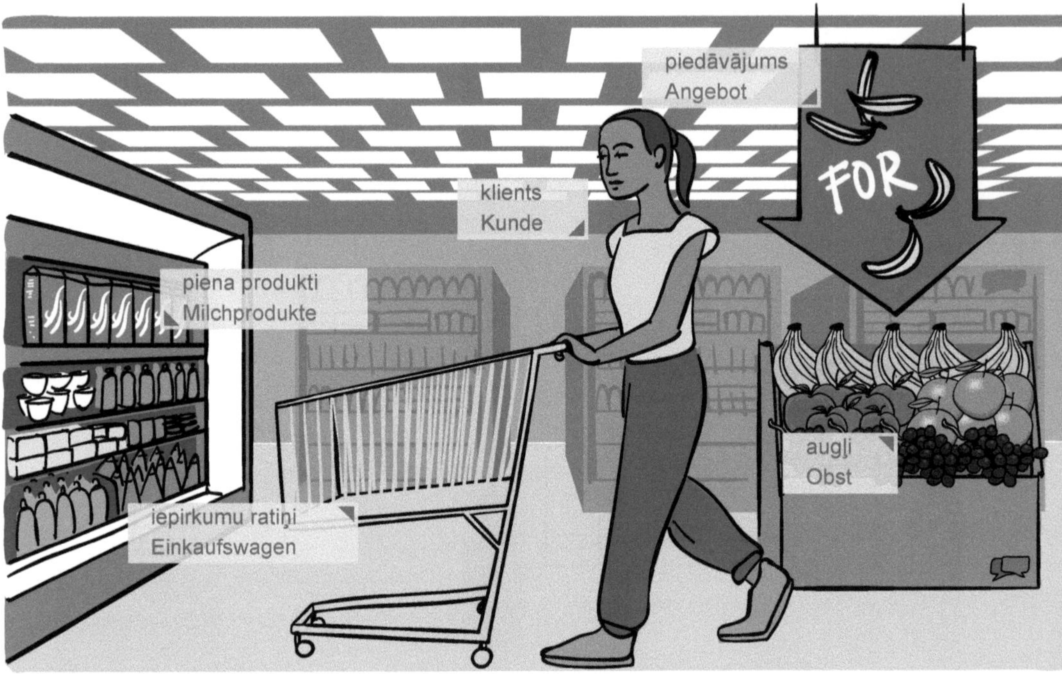

piedāvājums
Angebot
FOR
klients
Kunde
piena produkti
Milchprodukte
augļi
Obst
iepirkumu ratiņi
Einkaufswagen

BUTCHERS

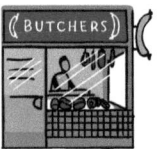

kautuve

Schlachterei

BAKERY

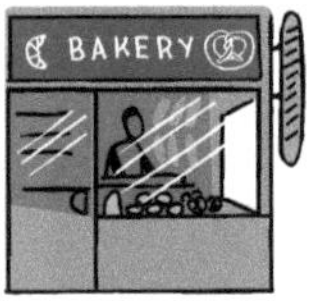

maizes veikals

Bäckerei

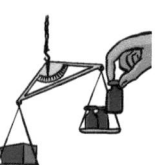

svērt

wiegen

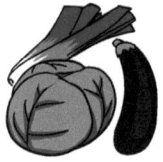

dārzeņi

Gemüse

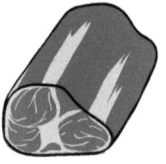

gaļa

Fleisch

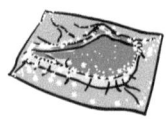

saldēti produkti

Tiefkühlkost

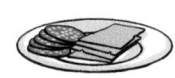

aukstās gaļas uzkodas

Aufschnitt

konservi

Konserven

pulveris

Waschmittel

saldumi

Süßigkeiten

mājsaimniecības preces

Haushaltsartikel

tīrīšanas līdzeklis

Reinigungsmittel

pārdevēja

Verkäuferin

kase

Kasse

kasieris

Kassierer

iepirkumu saraksts

Einkaufsliste

darba laiks

Öffnungszeiten

maks

Brieftasche

kredītkarte

Kreditkarte

soma

Tasche

maisiņš

Plastiktüte

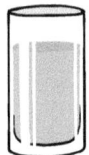

ūdens

Wasser

sula

Saft

piens

Milch

kola

Cola

vīns

Wein

alus

Bier

alkohols

Alkohol

kakao

Kakao

tēja

Tee

kafija

Kaffee

espresso

Espresso

kapučīno

Cappuccino

banāns
Banane

ābols
Apfel

apelsīns
Orange

melone
Melone

citrons
Zitrone

burkāns
Karotte

ķiploks
Knoblauch

bambuss
Bambus

sīpols
Zwiebel

sēne
Pilz

rieksti
Nüsse

makaroni
Nudeln

spageti

Spaghetti

rīsi

Reis

salāti

Salat

frī kartupeļi

Pommes frites

cepti kartupeļi

Bratkartoffeln

pica

Pizza

hamburgers

Hamburger

sviestmaize

Sandwich

šnicele

Schnitzel

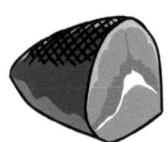

šķiņķis

Schinken

salami

Salami

desa

Wurst

vista

Huhn

cepetis

Braten

zivs

Fisch

auzu pārslas

Haferflocken

muslis

Müsli

brokastu pārslas

Cornflakes

milti

Mehl

radziņš

Croissant

brokastu maizītes

Brötchen

maize

Brot

tostermaize

Toast

cepumi

Kekse

sviests

Butter

biezpiens

Quark

kūka

Kuchen

ola

Ei

cepta ola

Spiegelei

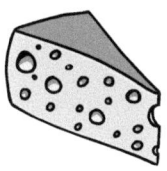

siers

Käse

saldējums

Eiscreme

cukurs

Zucker

medus

Honig

marmelāde

Marmelade

riekstu krēms

Nougat-Creme

karijs

Curry

zemnieku saimniecība
Bauernhof

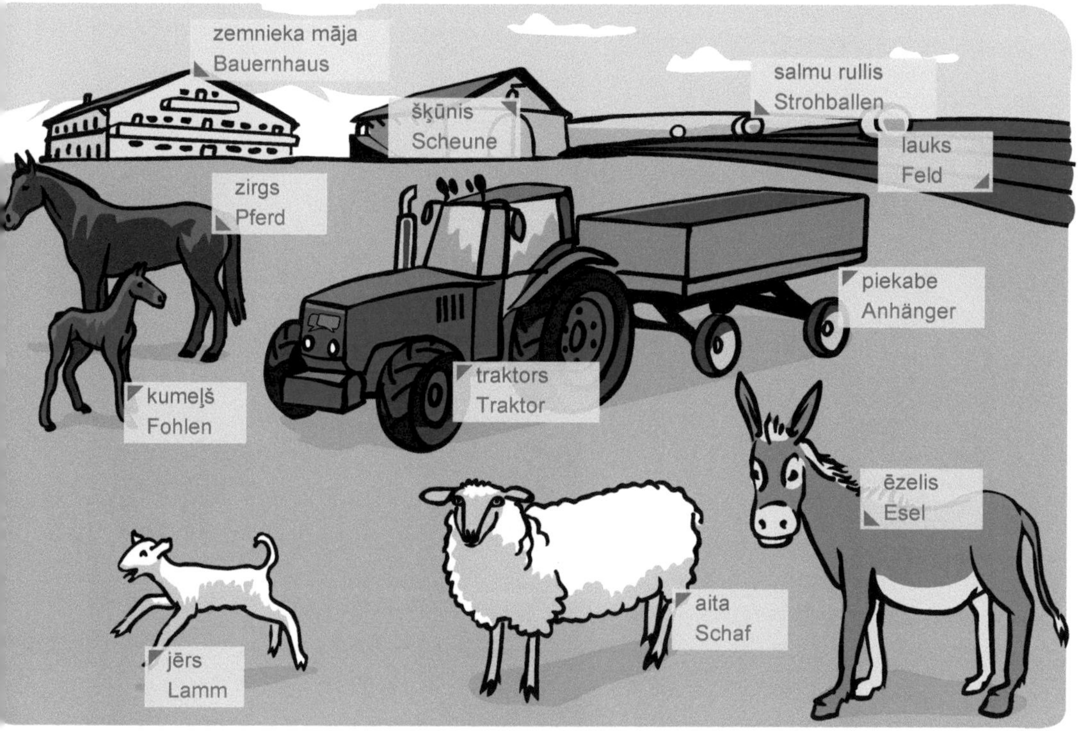
zemnieka māja
Bauernhaus
šķūnis
Scheune
salmu rullis
Strohballen
lauks
Feld
zirgs
Pferd
piekabe
Anhänger
traktors
Traktor
kumeļš
Fohlen
ēzelis
Esel
aita
Schaf
jērs
Lamm

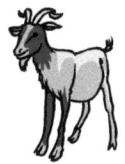

kaza

Ziege

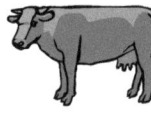

govs

Kuh

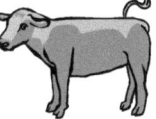

teļš

Kalb

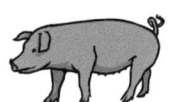

cūka

Schwein

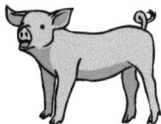

sivēns

Ferkel

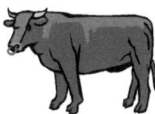

bullis

Bulle

zoss

Gans

pīle

Ente

cālis

Küken

vista

Huhn

gailis

Hahn

žurka

Ratte

kaķis

Katze

pele

Maus

vērsis

Ochse

suns

Hund

suņa būda

Hundehütte

dārza šļūtene

Gartenschlauch

lejkanna

Gießkanne

izkapts

Sense

arkls

Pflug

sirpis

Sichel

kaplis

Hacke

mēslu dakša

Mistgabel

cirvis

Axt

ķerra

Schubkarre

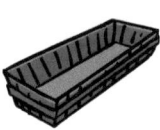

sile

Trog

piena kanna

Milchkanne

maiss

Sack

žogs

Zaun

kūts

Stall

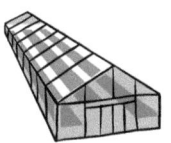

siltumnīca

Treibhaus

augsne

Boden

sēklas

Saat

mēslojums

Dünger

kombains

Mähdrescher

novākt ražu

ernten

raža

Ernte

jamss

Yamswurzel

kvieši

Weizen

soja

Soja

kartupelis

Kartoffel

kukurūza

Mais

rapsis

Raps

augļu koks

Obstbaum

manioka

Maniok

labība

Getreide

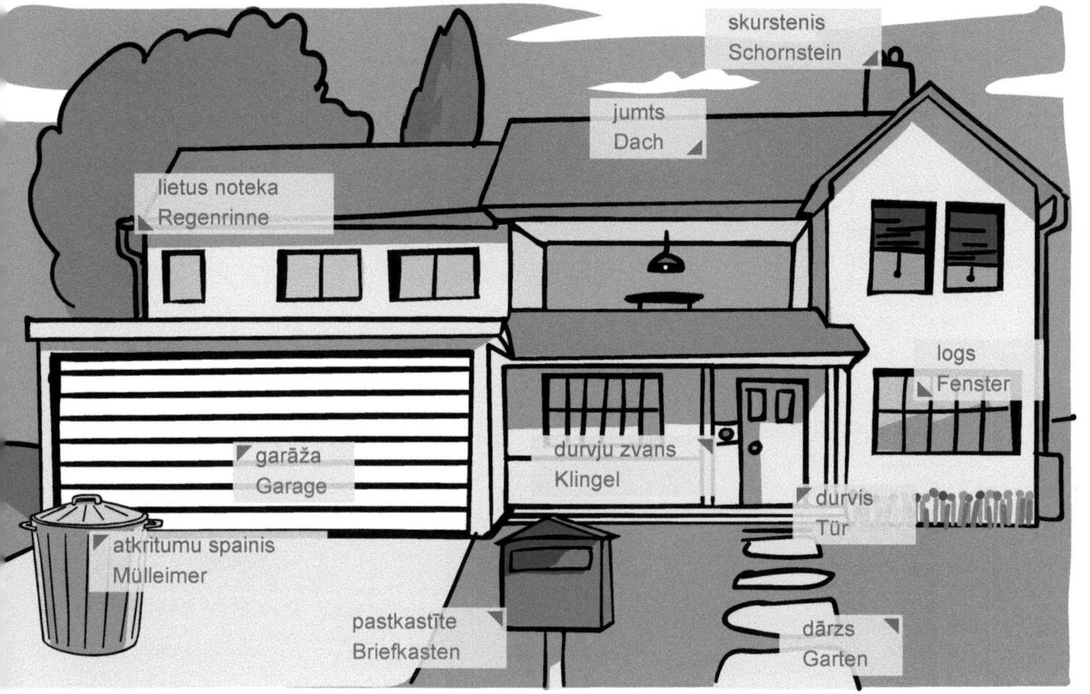

skurstenis
Schornstein

jumts
Dach

lietus noteka
Regenrinne

logs
Fenster

garāža
Garage

durvju zvans
Klingel

durvis
Tür

atkritumu spainis
Mülleimer

pastkastīte
Briefkasten

dārzs
Garten

viesistaba

Wohnzimmer

vannas istaba

Badezimmer

virtuve

Küche

guļamistaba

Schlafzimmer

bērnu istaba

Kinderzimmer

ēdamistaba

Esszimmer

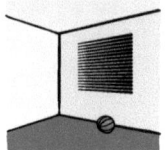

grīda

Boden

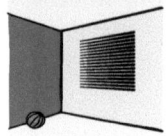

siena

Wand

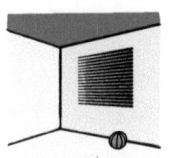

griesti

Decke

pagrabs

Keller

sauna

Sauna

balkons

Balkon

terase

Terrasse

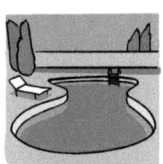

baseins

Schwimmbad

zāles pļāvējs

Rasenmäher

gultas veļa

Bettbezug

sega

Bettdecke

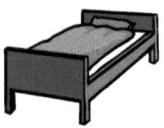

gulta

Bett

slota

Besen

spainis

Eimer

slēdzis

Schalter

viesistaba
Wohnzimmer

tapetes
Tapete
attēls
Bild
lampa
Lampe
plaukts
Regal
skapis
Schrank
televizors
Fernseher
kamīns
Kamin
puķe
Blume
spilvens
Kissen
dīvāns
Sofa
vāze
Vase
tālvadības pults
Fernbedienung

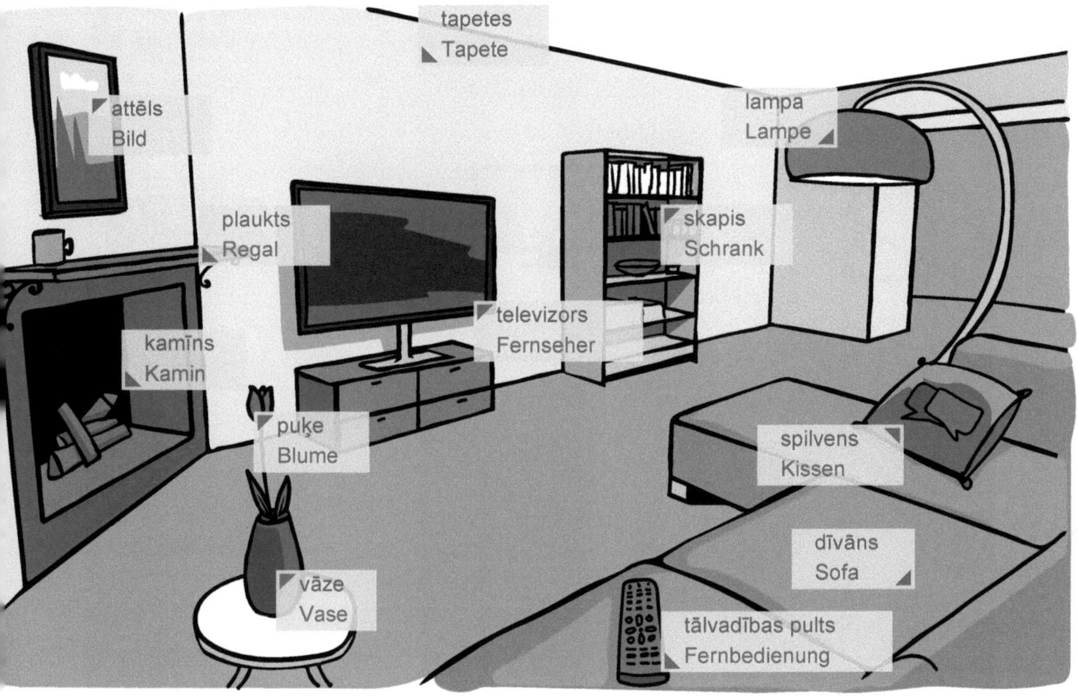

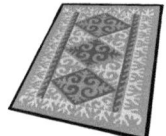

paklājs

Teppich

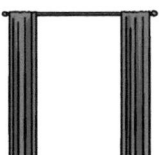

aizkars

Vorhang

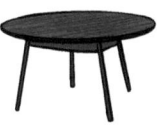

galds

Tisch

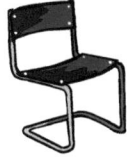

krēsls

Stuhl

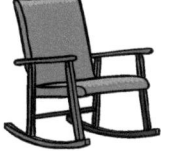

šūpuļkrēsls

Schaukelstuhl

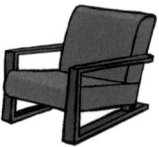

atpūtas krēsls

Sessel

grāmata

Buch

sega

Decke

dekorācija

Dekoration

malka

Feuerholz

filma

Film

mūzikas centrs

Stereoanlage

atslēga

Schlüssel

avīze

Zeitung

glezna

Gemälde

plakāts

Poster

radio

Radio

pierakstu blociņš

Notizblock

putekļu sūcējs

Staubsauger

kaktuss

Kaktus

svece

Kerze

virtuve
Küche

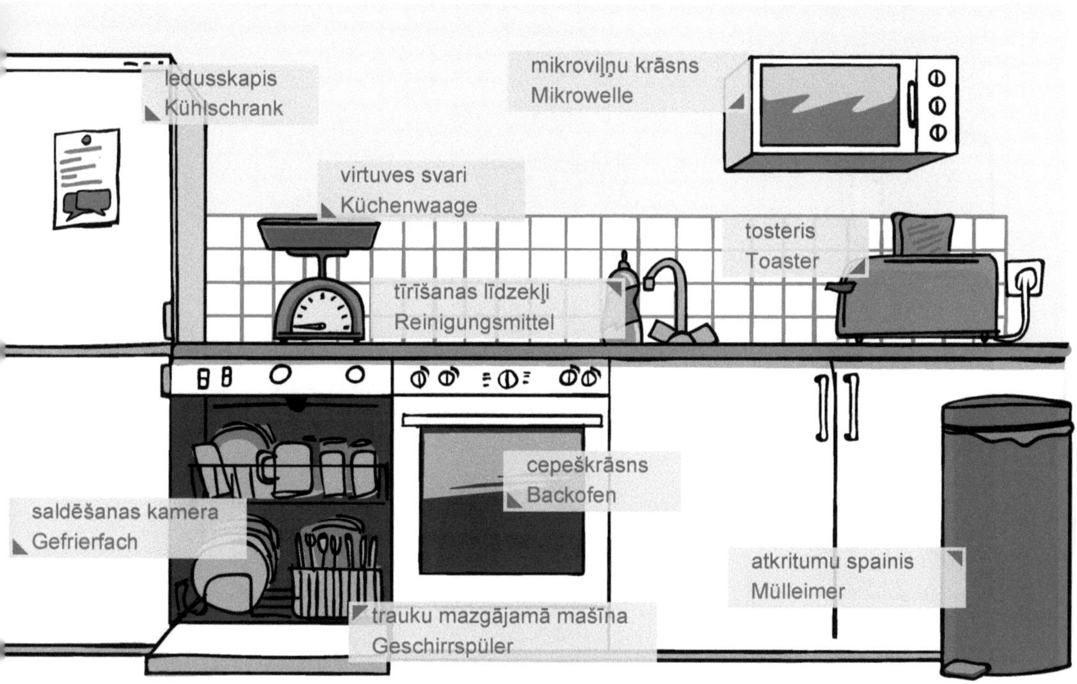
ledusskapis
Kühlschrank
mikroviļņu krāsns
Mikrowelle
virtuves svari
Küchenwaage
tosteris
Toaster
tīrīšanas līdzekļi
Reinigungsmittel
cepeškrāsns
Backofen
saldēšanas kamera
Gefrierfach
atkritumu spainis
Mülleimer
trauku mazgājamā mašīna
Geschirrspüler

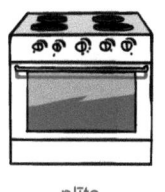

plīts

Herd

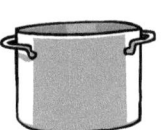

pods

Topf

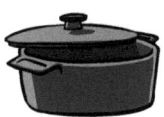

katls

Eisentopf

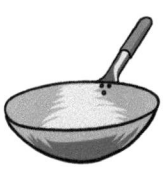

Wok panna

Wok / Kadai

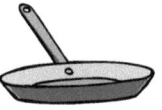

panna

Pfanne

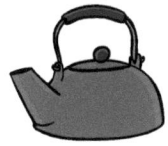

elektriskā tējkanna

Wasserkocher

tvaika katls

Dampfgarer

cepešpanna

Backblech

trauki

Geschirr

krūze

Becher

bļoda

Schale

irbulīši

Essstäbchen

kauss

Suppenkelle

lāpstiņa

Pfannenwender

putošanas slotiņa

Schneebesen

sietiņš

Kochsieb

siets

Sieb

rīve

Reibe

piesta

Mörser

grilēt

Grill

atklāts pavards

Feuerstelle

dēlis

Schneidebrett

mīklas rullis

Nudelholz

korķu viļķis

Korkenzieher

bundža

Dose

konservu nazis

Dosenöffner

virtuves cimdi

Topflappen

izlietne

Waschbecken

birste

Bürste

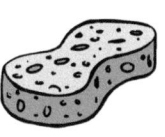

sūklis

Schwamm

mikseris

Mixer

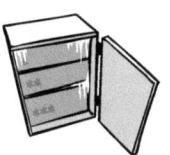

saldētava

Gefriertruhe

bērna pudelīte

Babyflasche

ūdenskrāns

Wasserhahn

vannas istaba
Badezimmer

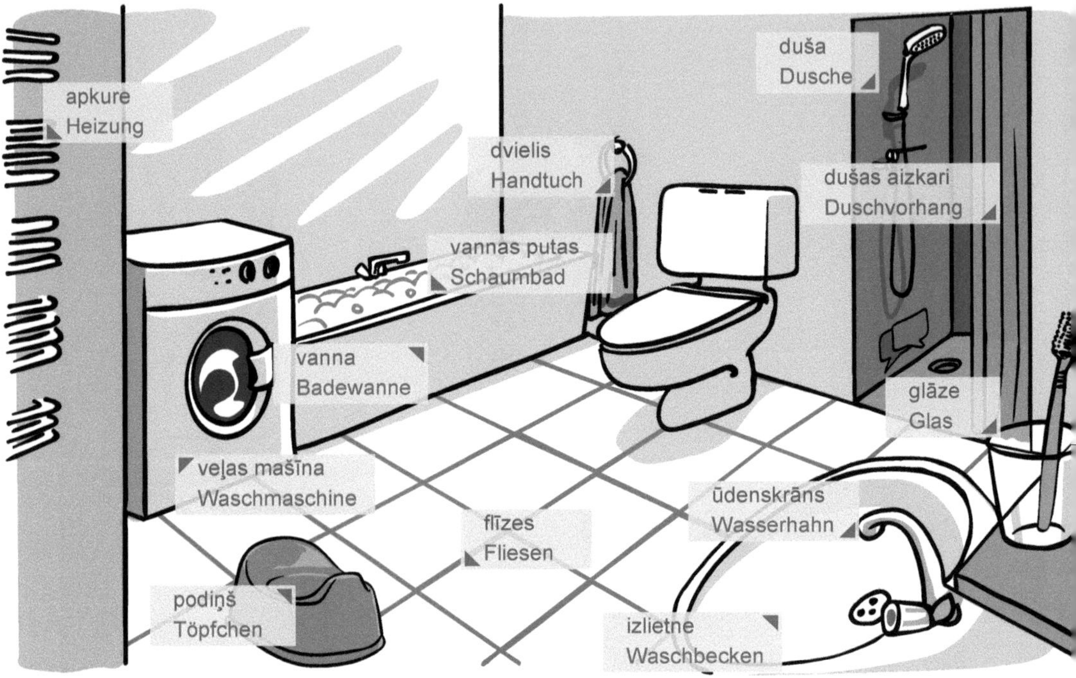
apkure
Heizung
dvielis
Handtuch
duša
Dusche
dušas aizkari
Duschvorhang
vannas putas
Schaumbad
vanna
Badewanne
glāze
Glas
veļas mašīna
Waschmaschine
ūdenskrāns
Wasserhahn
flīzes
Fliesen
podiņš
Töpfchen
izlietne
Waschbecken

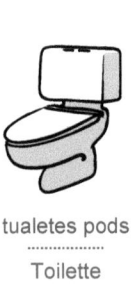

tualetes pods

Toilette

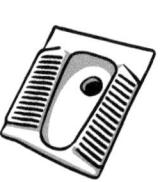

Āzijas tipa tualete

Hocktoilette

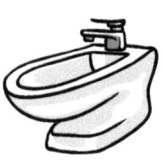

bidē

Bidet

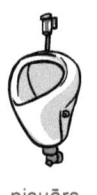

pisuārs

Pissoir

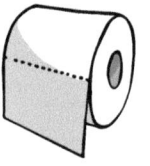

tualetes papīs

Toilettenpapier

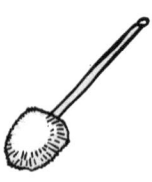

tualetes birste

Toilettenbürste

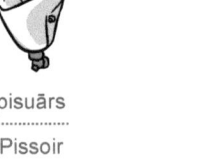

zobu birste

Zahnbürste

zobu pasta

Zahnpasta

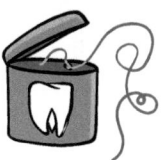

zobu diegs

Zahnseide

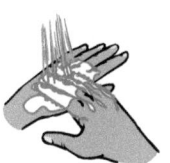

mazgāt

waschen

rokas duša

Handbrause

duša

Intimdusche

bļoda

Waschschüssel

muguras mazgāšanas birste

Rückenbürste

ziepes

Seife

dušas želeja

Duschgel

šampūns

Shampoo

mazgāšanas drāna

Waschlappen

noteka

Abfluss

krēms

Creme

dezodorants

Deodorant

spogulis

Spiegel

spogulītis

Kosmetikspiegel

skuveklis

Rasierer

skūšanās putas

Rasierschaum

losjons pēc skūšanās

Rasierwasser

ķemme

Kamm

matu suka

Bürste

matu fēns

Föhn

matu laka

Haarspray

grima komplekts

Makeup

lūpu krāsa

Lippenstift

nagulaka

Nagellack

vate

Watte

šķērītes

Nagelschere

smaržas

Parfum

kosmētikas maks

Kulturbeutel

ķeblītis

Hocker

svari

Waage

halāts

Bademantel

tīrīšanas cimdi

Gummihandschuhe

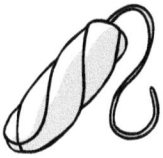

tampons

Tampon

pakete

Damenbinde

ķīmiskā tualete

Chemietoilette

bērnu istaba
Kinderzimmer

modinātājs
Wecker
mīkstā rotaļlieta
Kuscheltier
spēļu automašīna
Spielzeugauto
grabulis
Rassel
leļļu māja
Puppenhaus
dāvana
Geschenk

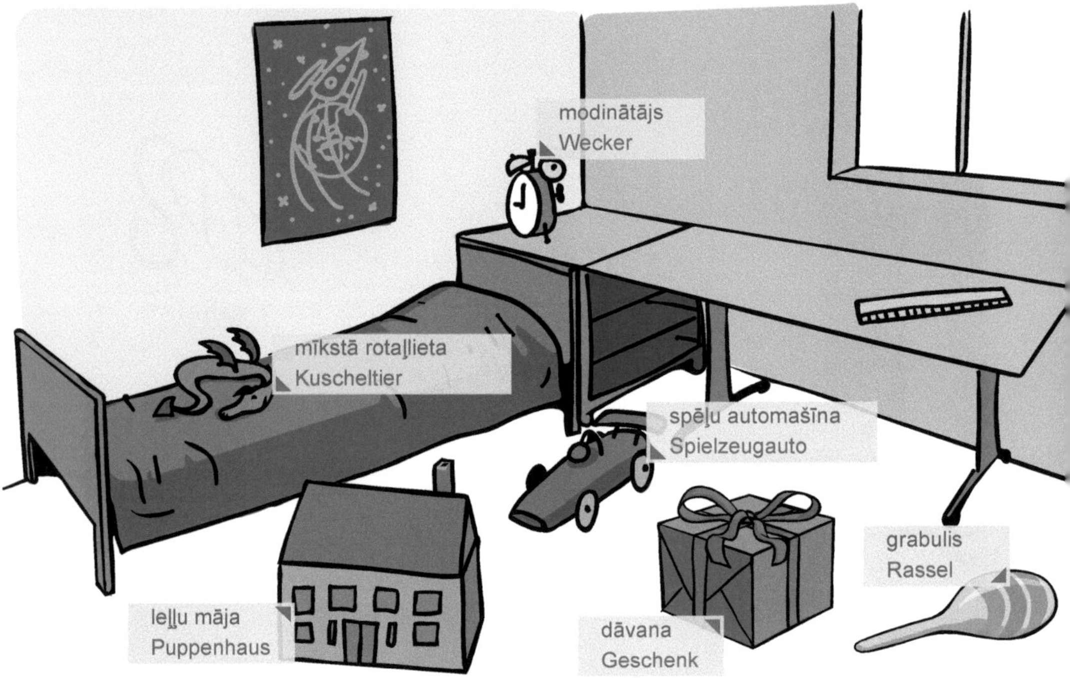

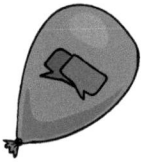

balons

Ballon

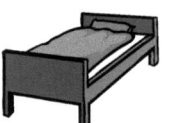

gulta

Bett

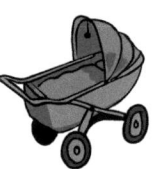

bērnu ratiņi

Kinderwagen

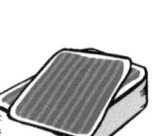

kārtis

Kartenspiel

puzle

Puzzle

SUPER
MEGA

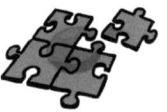

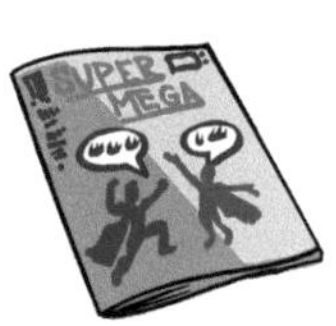

komikss

Comic

LEGO klucīši

Legosteine

klucīši

Bausteine

varoņu figūra

Action Figur

rāpulītis

Strampelanzug

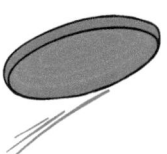

lidojošais šķīvītis

Frisbee

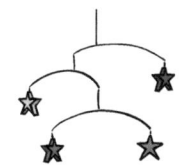

muzikālais karuselis

Mobile

galda spēle

Brettspiel

metamais kauliņš

Würfel

rotaļu dzelzceļš

Modelleisenbahn

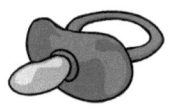

māneklis

Schnuller

ballīte

Party

bilžu grāmata

Bilderbuch

bumba

Ball

lelle

Puppe

spēlēt

spielen

smilšu kaste

Sandkasten

šūpoles

Schaukel

rotaļlietas

Spielzeug

spēļu konsole

Spielkonsole

trīsritenis

Dreirad

plīša lācītis

Teddy

drēbju skapis

Kleiderschrank

apģērbs
Kleidung

īszeķes

Socken

zeķes

Strümpfe

zeķbikses

Strumpfhose

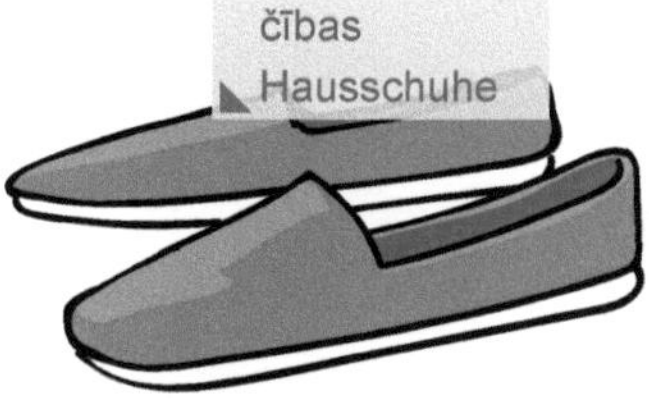

šalle
Schal

siksna
Gürtel

lietussargs
Regenschirm

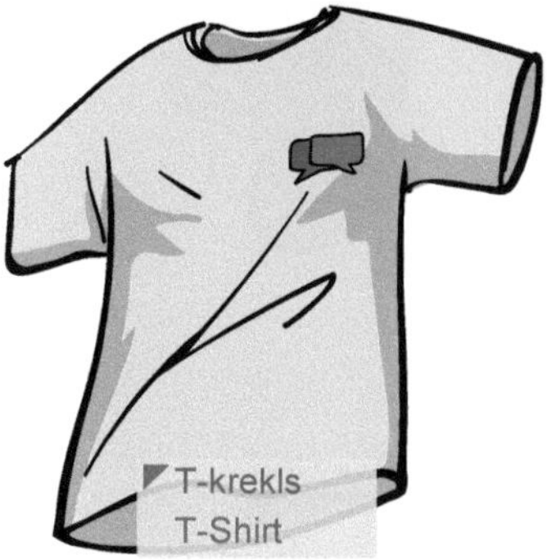

T-krekls
T-Shirt

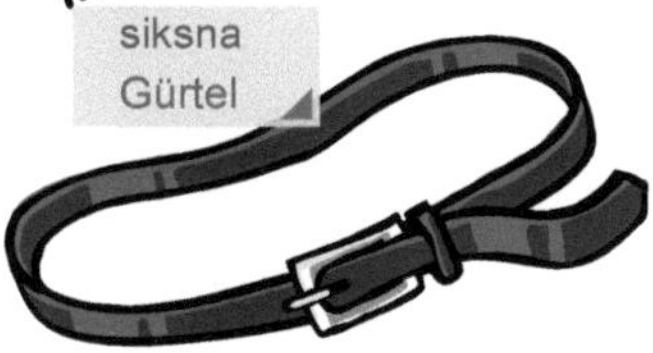

zābaks
Stiefel

čības
Hausschuhe

botas
Turnschuhe

sandales
Sandalen

kurpes
Schuhe

gumijas zābaki
Gummistiefel

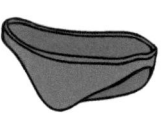
apakšbikses
Unterhose

krūšturis
Büstenhalter

apakškrekls
Unterhemd

apģērbs - Kleidung

bodijs

Body

bikses

Hose

džinsi

Jeans

svārki

Rock

blūze

Bluse

krekls

Hemd

pulovers

Pullover

džemperis

Kapuzenpullover

žakete

Blazer

jaka

Jacke

mētelis

Mantel

lietus mētelis

Regenmantel

kostīms

Kostüm

kleita

Kleid

kāzu kleita

Hochzeitskleid

uzvalks

Anzug

naktskrekls

Nachthemd

pidžama

Schlafanzug

sari

Sari

lakats

Kopftuch

turbāns

Turban

burka

Burka

kaftāns

Kaftan

abaja

Abaya

peldkostīms

Badeanzug

peldbikses

Badehose

šorti

Kurze Hose

treniņtērps

Trainingsanzug

priekšauts

Schürze

cimdi

Handschuhe

poga

Knopf

brilles

Brille

rokassprādze

Armband

kaklarota

Halskette

gredzens

Ring

auskars

Ohrring

cepure

Mütze

drēbju pakaramais

Kleiderbügel

platmale

Hut

kaklasaite

Krawatte

rāvējslēdzējs

Reißverschluss

ķivere

Helm

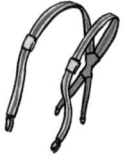

bikšturi

Hosenträger

skolas forma

Schuluniform

uniforma

Uniform

priekšautiņš
Lätzchen

māneklis
Schnuller

autiņbiksītes
Windel

birojs
Büro

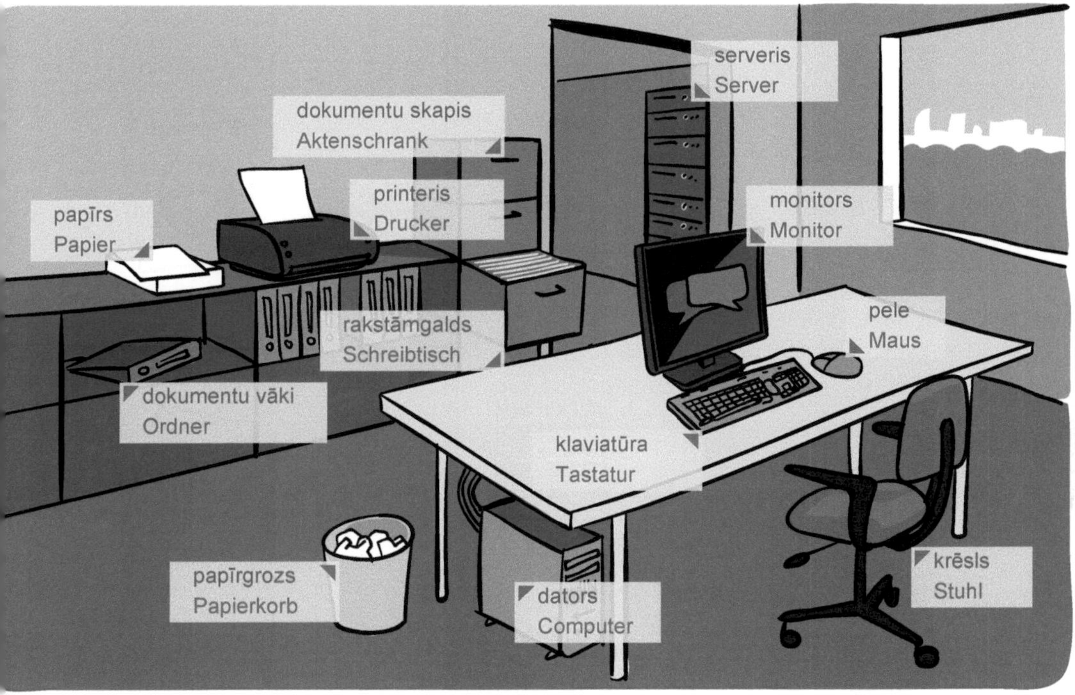

serveris
Server

dokumentu skapis
Aktenschrank

printeris
Drucker

papīrs
Papier

monitors
Monitor

rakstāmgalds
Schreibtisch

pele
Maus

dokumentu vāki
Ordner

klaviatūra
Tastatur

papīrgrozs
Papierkorb

dators
Computer

krēsls
Stuhl

kafijas krūze
Kaffeebecher

kalkulators
Taschenrechner

internets
Internet

portatīvais dators
Laptop

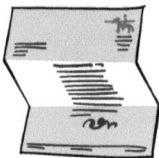

vēstule
Brief

ziņa
Nachricht

mobilais tālrunis
Handy

tīkls
Netzwerk

kopētājs
Kopierer

programmatūra
Software

telefons
Telefon

rozete
Steckdose

faksa aparāts
Fax

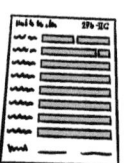

formulārs
Formular

dokuments
Dokument

pirkt
kaufen

samaksāt
bezahlen

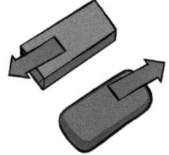

tirgot
handeln

nauda
Geld

dolārs
Dollar

eiro
Euro

jēna
Yen

rublis
Rubel

franks
Franken

juaņa renminbi
Renminbi Yuan

rūpija
Rupie

bankomāts
Geldautomat

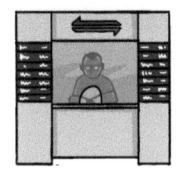

valūtas maiņas punkts

Wechselstube

zelts

Gold

sudrabs

Silber

nafta

Öl

enerģija

Energie

cena

Preis

līgums

Vertrag

nodoklis

Steuer

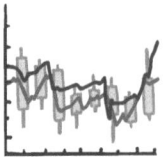

akcija

Aktie

strādāt

arbeiten

darbinieks

Angestellter

darba devējs

Arbeitgeber

fabrika

Fabrik

veikals

Geschäft

policists
Polizist

ugunsdzēsējs
Feuerwehrmann

pavārs
Koch

ārsts
Arzt

pilots
Pilot

dārznieks
Gärtner

galdnieks
Tischler

šuvēja
Näherin

tiesnesis
Richter

ķīmiķis
Chemiker

aktieris
Schauspieler

autobusa vadītājs

Busfahrer

taksometra vadītājs

Taxifahrer

zvejnieks

Fischer

apkopēja

Putzfrau

jumiķis

Dachdecker

viesmīlis

Kellner

mednieks

Jäger

gleznotājs

Maler

maiznieks

Bäcker

elektriķis

Elektriker

celtnieks

Bauarbeiter

inženieris

Ingenieur

miesnieks

Schlachter

skārdnieks

Klempner

pastnieks

Postbote

karavīrs
Soldat

arhitekts
Architekt

kasieris
Kassierer

florists
Florist

frizieris
Friseur

konduktors
Schaffner

mehāniķis
Mechaniker

kapteinis
Kapitän

zobārsts
Zahnarzt

zinātnieks
Wissenschaftler

rabīns
Rabbi

imāms
Imam

mūks
Mönch

mācītājs
Geistlicher

instrumenti
Werkzeuge

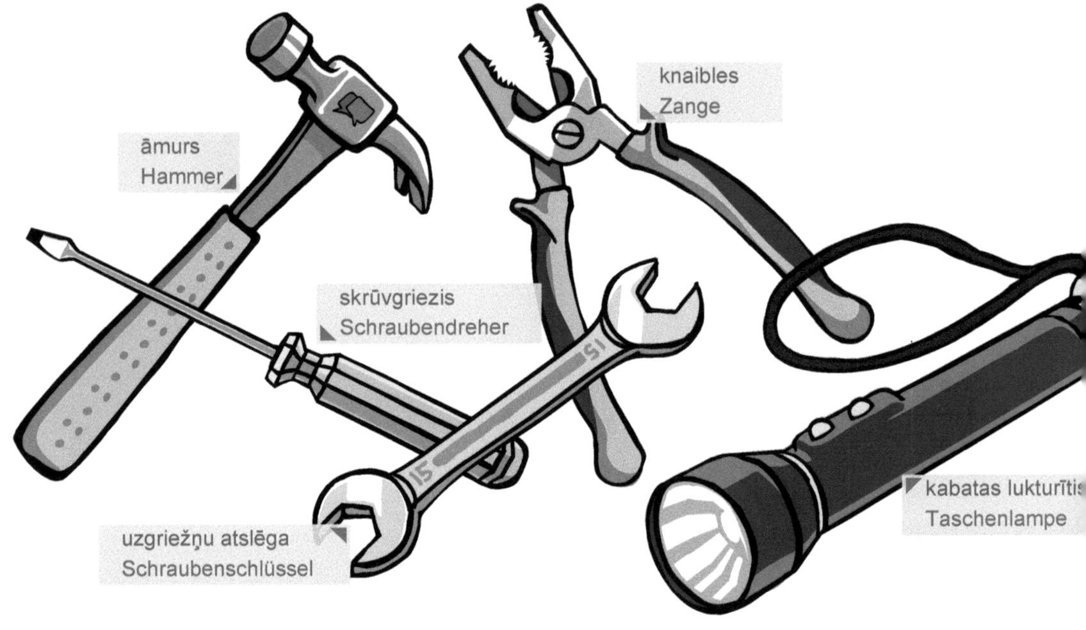

knaibles
Zange
āmurs
Hammer
skrūvgriezis
Schraubendreher
kabatas lukturīti
Taschenlampe
uzgriežņu atslēga
Schraubenschlüssel

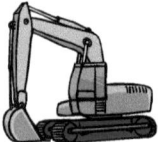

ekskavators

Bagger

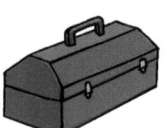

instrumentu kaste

Werkzeugkasten

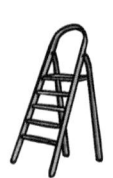

kāpnes

Leiter

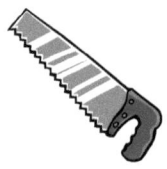

zāģis

Säge

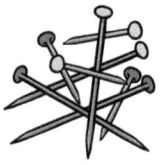

naglas

Nägel

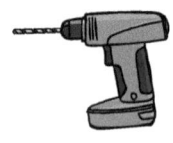

urbis

Bohrer

remontēt
....
reparieren

lāpsta
....
Schaufel

Velns!
....
Mist!

liekšķere
....
Kehrblech

krāsas bundža
....
Farbtopf

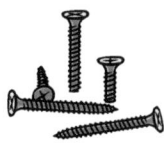

skrūves
....
Schrauben

mūzikas instrumenti
Musikinstrumente

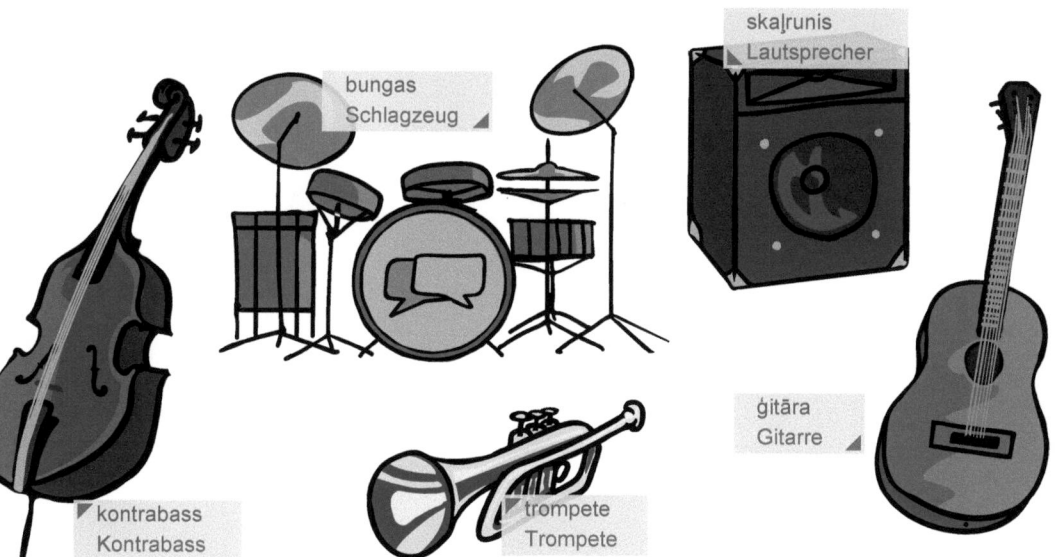

skaļrunis
Lautsprecher

bungas
Schlagzeug

ģitāra
Gitarre

kontrabass
Kontrabass

trompete
Trompete

klavieres

Klavier

vijole

Violine

bass

Bass

timpāni

Pauke

bungas

Trommeln

digitālās klavieres

Keyboard

saksofons

Saxophon

flauta

Flöte

mikrofons

Mikrofon

zooloģiskais dārzs
Zoo

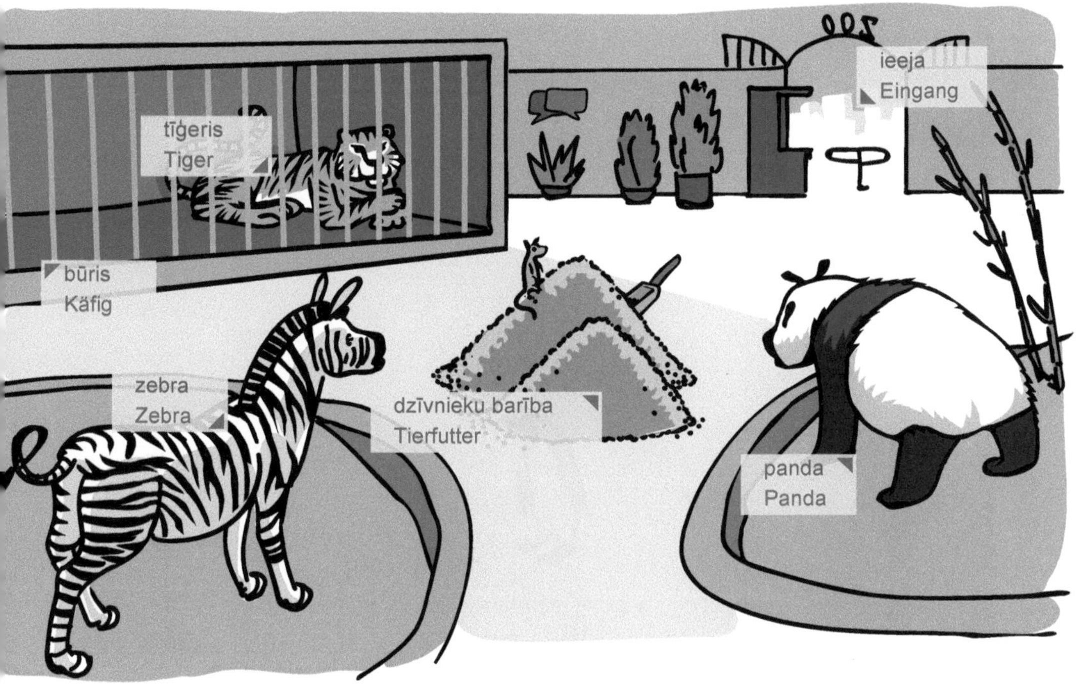
ieeja
Eingang
tīģeris
Tiger
būris
Käfig
zebra
Zebra
dzīvnieku barība
Tierfutter
panda
Panda

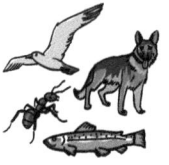

dzīvnieki

Tiere

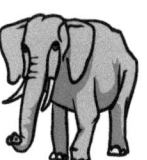

zilonis

Elefant

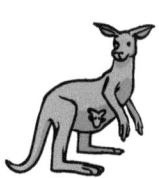

ķengurs

Känguru

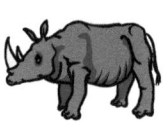

degunradzis

Nashorn

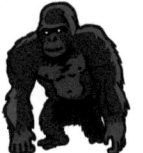

gorilla

Gorilla

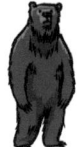

lācis

Bär

kamielis

Kamel

strauss

Strauß

lauva

Löwe

pērtiķis

Affe

flamings

Flamingo

papagailis

Papagei

polārlācis

Eisbär

pingvīns

Pinguin

haizivs

Hai

pāvs

Pfau

čūska

Schlange

krokodils

Krokodil

zoodārza sargs

Zoowärter

ronis

Robbe

jaguārs

Jaguar

ponijs

Pony

leopards

Leopard

nīlzirgs

Nilpferd

žirafe

Giraffe

ērglis

Adler

meža cūka

Wildschwein

zivs

Fisch

bruņurupucis

Schildkröte

valzirgs

Walross

lapsa

Fuchs

gazele

Gazelle

amerikāņu futbols
American Football

riteņbraukšana
Radfahren

teniss
Tennis

basketbols
Basketball

peldēšana
Schwimmen

bokss
Boxen

hokejs
Eishockey

futbols
Fußball

badmintons
Badminton

vieglatlētika
Leichtathletik

rokas bumba
Handball

slēpošana
Skilaufen

polo
Polo

smieties
lachen

lēkt
springen

apskaut
umarmen

iet
gehen

dziedāt
singen

sapņot
träumen

lūgt
beten

skūpstīt
küssen

rakstīt
schreiben

zīmēt
zeichnen

rādīt
zeigen

spiest
drücken

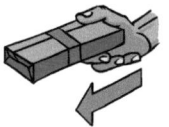

dot
geben

ņemt
nehmen

būt
haben

darīt
tun

būt
sein

stāvēt
stehen

skriet
laufen

vilkt
ziehen

mest
werfen

krist
fallen

gulēt
liegen

gaidīt
warten

nest
tragen

sēdēt
sitzen

uzģērbt
anziehen

gulēt
schlafen

pamosties
aufwachen

skatīties

ansehen

raudāt

weinen

glāstīt

streicheln

ķemmēt

kämmen

runāt

reden

saprast

verstehen

jautāt

fragen

dzirdēt

hören

dzert

trinken

ēst

essen

sakārtot

aufräumen

mīlēt

lieben

vārīt

kochen

braukt

fahren

lidot

fliegen

burot

segeln

rēķināt

rechnen

lasīt

lesen

mācīties

lernen

strādāt

arbeiten

precēties

heiraten

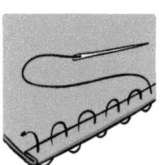

šūt

nähen

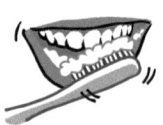

tīrīt zobus

Zähne putzen

nogalināt

töten

smēķēt

rauchen

sūtīt

senden

vecāmāte
Großmutter

vectēvs
Großvater

tēvs
Vater

māte
Mutter

mazulis
Baby

meita
Tochter

dēls
Sohn

viesis

Gast

tante

Tante

onkulis

Onkel

brālis

Bruder

māsa

Schwester

ķermenis
Körper

piere
Stirn
acs
Auge
plecs
Schulter
pirksts
Finger
seja
Gesicht
zods
Kinn
roka
Hand
kāja
Bein
krūtis
Brust
roka
Arm

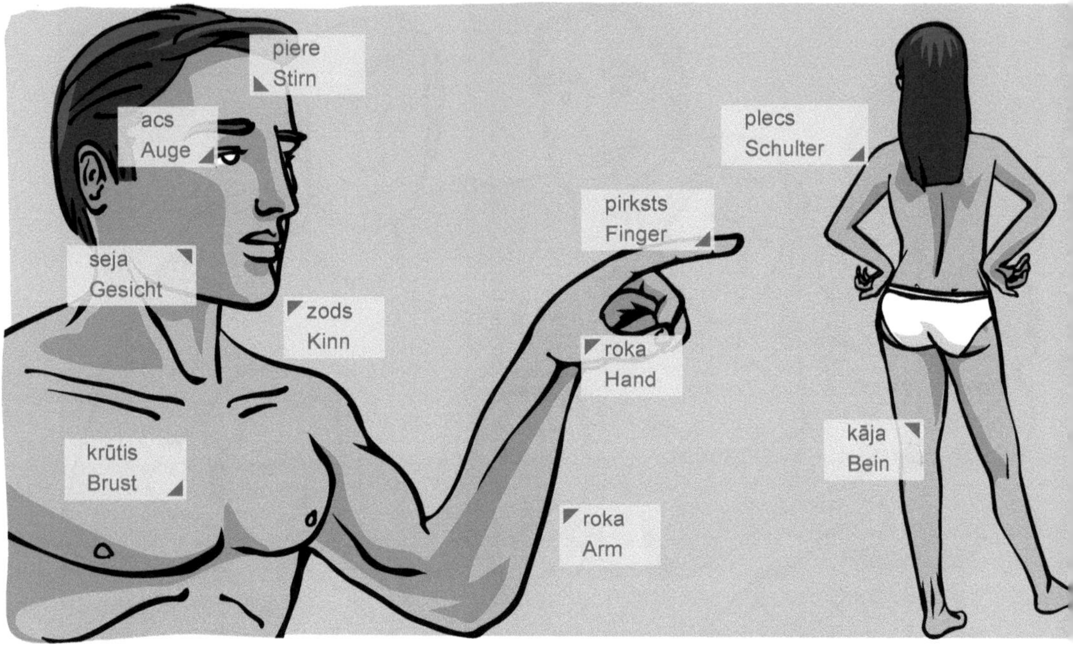

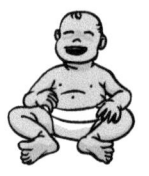

mazulis

Baby

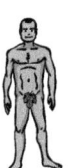

vīrietis

Mann

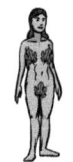

sieviete

Frau

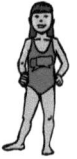

meitene

Mädchen

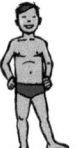

zēns

Junge

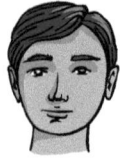

galva

Kopf

mugura

Rücken

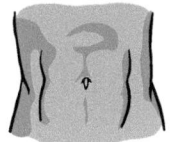

vēders

Bauch

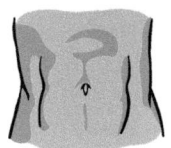

naba

Nabel

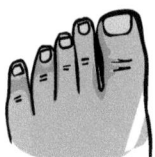

kājas pirksts

Zeh

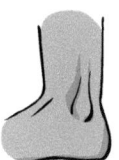

papēdis

Ferse

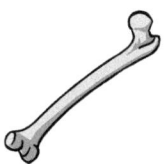

kauls

Knochen

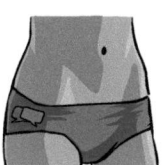

gurns

Hüfte

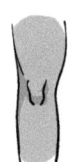

celis

Knie

elkonis

Ellenbogen

deguns

Nase

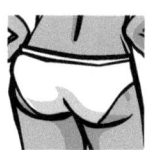

dibens

Gesäß

āda

Haut

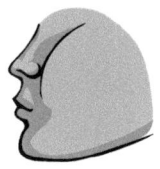

vaigs

Wange

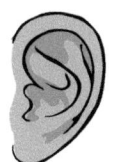

auss

Ohr

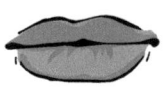

lūpa

Lippe

ķermenis - Körper

mute
....
Mund

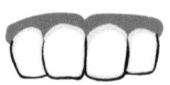

zobs
....
Zahn

mēle
....
Zunge

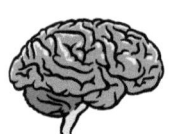

smadzenes
....
Gehirn

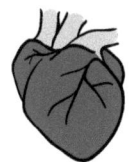

sirds
....
Herz

muskulis
....
Muskel

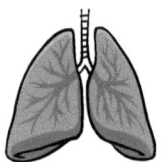

plaušas
....
Lunge

aknas
....
Leber

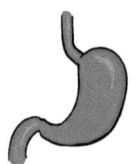

kuņģis
....
Magen

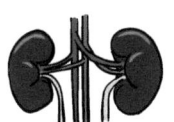

nieres
....
Nieren

dzimumakts
....
Geschlechtsverkehr

kondoms
....
Kondom

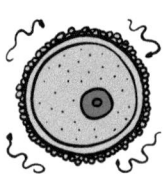

olšūna
....
Eizelle

sperma
....
Sperma

grūtniecība
....
Schwangerschaft

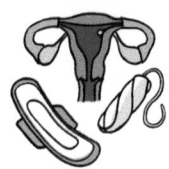

menstruācijas
....
Menstruation

vagīna
....
Vagina

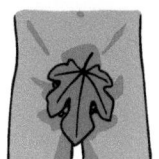

penis
....
Penis

uzacs
....
Augenbraue

mati
....
Haar

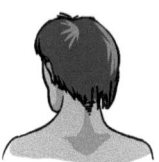

kakls
....
Hals

slimnīca
Krankenhaus

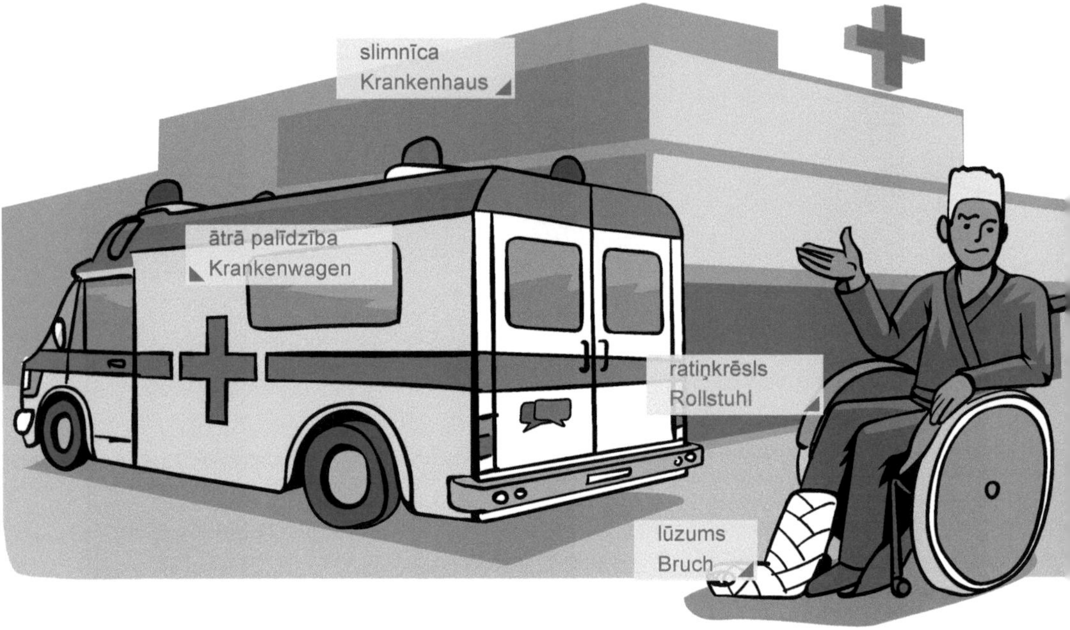

slimnīca
Krankenhaus
ātrā palīdzība
Krankenwagen
ratiņkrēsls
Rollstuhl
lūzums
Bruch

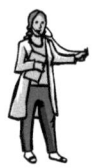

ārsts

Arzt

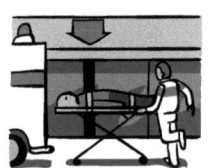

neatliekamās palīdzības nodaļa

Notaufnahme

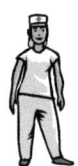

medmāsa

Krankenschwester

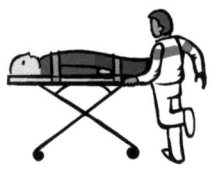

ārkārtas gadījums

Notfall

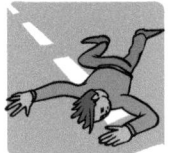

paģībis

ohnmächtig

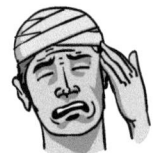

sāpes

Schmerz

ievainojums

Verletzung

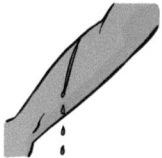

asiņošana

Blutung

sirdslēkme

Herzinfarkt

insults

Schlaganfall

alerģija

Allergie

klepus

Husten

temperatūra

Fieber

gripa

Grippe

caureja

Durchfall

galvassāpes

Kopfschmerzen

vēzis

Krebs

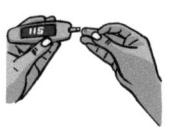

diabēts

Diabetis

ķirurgs

Chirurg

skalpelis

Skalpell

operācija

Operation

datortomogrāfija

CT

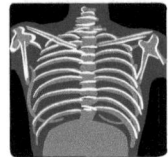

rentgents

Röntgen

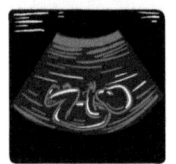

ultraskaņa

Ultraschall

sejas maska

Maske

slimība

Krankheit

uzgaidāmā telpa

Wartezimmer

kruķis

Krücke

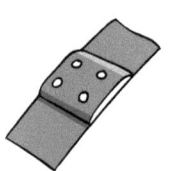

plāksteris

Pflaster

apsējs

Verband

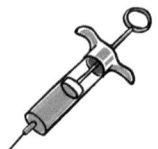

injekcija

Injektion

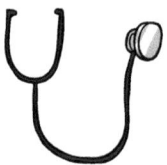

stetoskops

Stethoskop

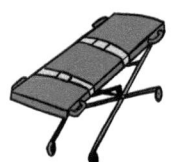

nestuves

Trage

termometrs

Thermometer

dzemdības

Geburt

liekais svars

Übergewicht

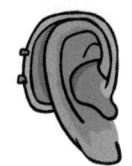

dzirdes aparāts

Hörgerät

dezinfekcijas līdzeklis

Desinfektionsmittel

infekcija

Infektion

vīruss

Virus

HIV / AIDS

HIV / AIDS

zāles

Medizin

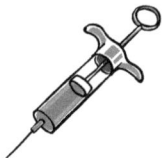

pote

Impfung

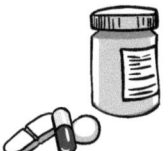

tabletes

Tabletten

pretapaugļošanās tablete

Pille

ārkārtas izsaukums

Notruf

asinsspiediena mērītājs

Blutdruck-Messgerät

slims / vesels

krank / gesund

Palīgā!

Hilfe!

trauksme

Alarm

uzbrukums

Überfall

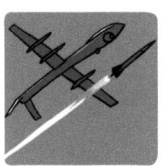

uzbrukums

Angriff

bīstamība

Gefahr

avārijas izeja

Notausgang

Uguns!

Feuer!

ugunsdzēšamais aparāts

Feuerlöscher

negadījums

Unfall

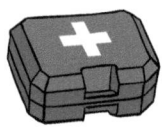

pirmās palīdzības aptieciņa

Erste-Hilfe-Koffer

SOS

SOS

policija

Polizei

Eiropa

Europa

Ziemeļamerika

Nordamerika

Dienvidamerika

Südamerika

Āfrika

Afrika

Āzija

Asien

Austrālija

Australien

Atlantijas okeāns

Atlantik

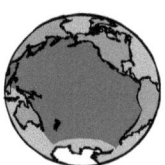

Klusais okeāns

Pazifik

Indijas okeāns

Indischer Ozean

Dienvidu okeāns

Antarktischer Ozean

Ziemeļu ledus okeāns

Arktischer Ozean

Ziemeļpols

Nordpol

Dienvidpols

Südpol

Antarktika

Antarktis

zeme

Erde

zeme

Land

jūra

Meer

sala

Insel

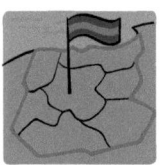

nācija

Nation

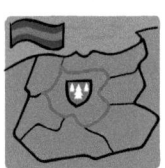

valsts

Staat

ciparnīca

Zifferblatt

stundu rādītājs

Stundenzeiger

minūšu rādītājs

Minutenzeiger

sekunžu rādītājs

Sekundenzeiger

Cik ir pulkstenis?

Wie spät ist es?

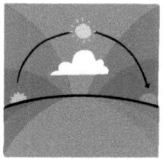

diena

Tag

laiks

Zeit

tagad

jetzt

digitālais pulkstenis

Digitaluhr

minūte

Minute

stunda

Stunde

nedēļa

Woche

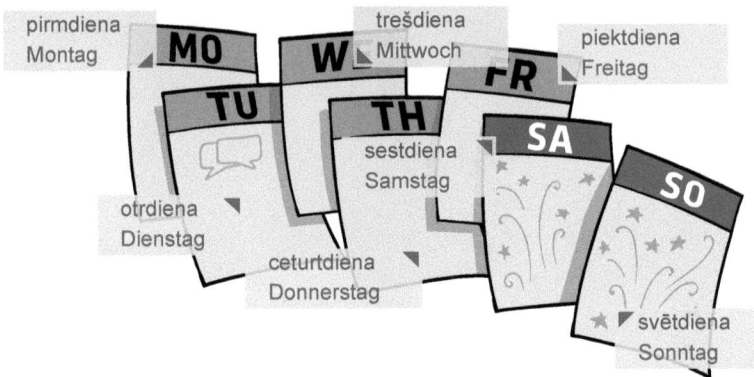

pirmdiena
Montag

trešdiena
Mittwoch

piektdiena
Freitag

otrdiena
Dienstag

sestdiena
Samstag

ceturtdiena
Donnerstag

svētdiena
Sonntag

vakardien

gestern

šodien

heute

rītdien

morgen

rīts

Morgen

pusdienlaiks

Mittag

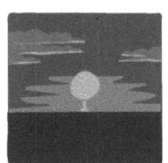

vakars

Abend

darbadienas

Arbeitstage

brīvdienas

Wochenende

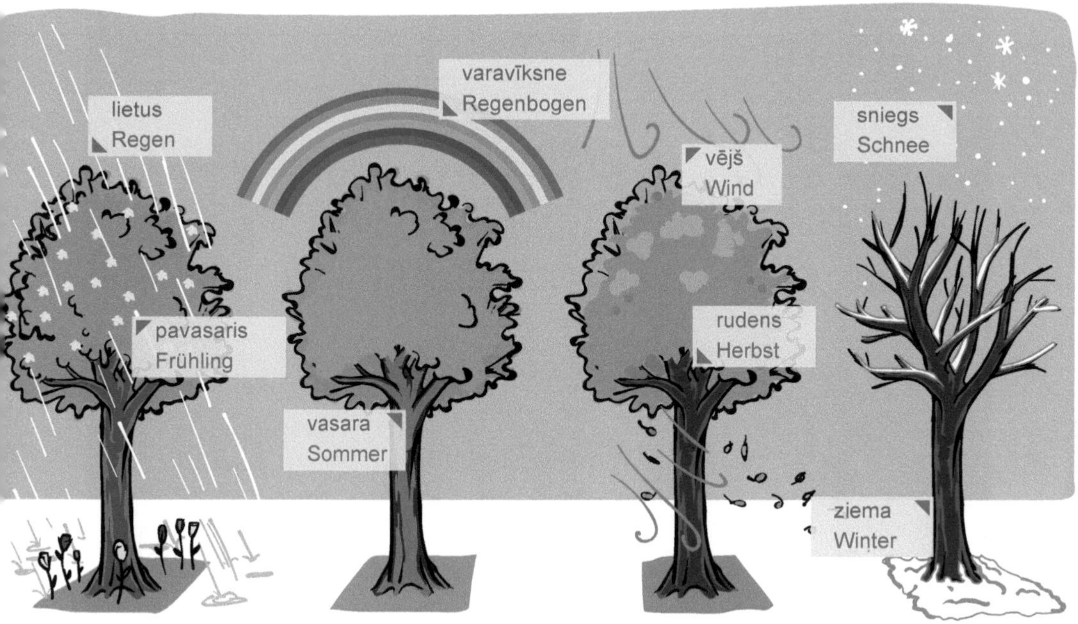
lietus
Regen
varavīksne
Regenbogen
vējš
Wind
sniegs
Schnee
pavasaris
Frühling
rudens
Herbst
vasara
Sommer
ziema
Winter

4.APRIL 11°
5.APRIL 4°
6.APRIL 13°
7.APRIL 8°
8.APRIL 10°

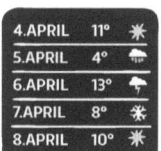

laika prognoze

Wettervorhersage

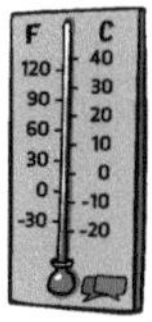

termometrs

Thermometer

saules gaisma

Sonnenschein

mākonis

Wolke

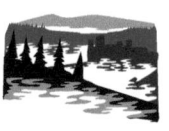

migla

Nebel

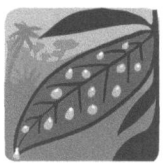

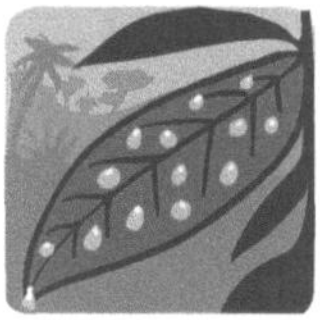

gaisa mitrums

Luftfeuchtigkeit

zibens

Blitz

pērkons

Donner

vētra

Sturm

krusa

Hagel

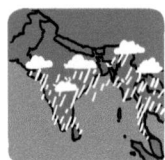

musons

Monsun

plūdi

Flut

ledus

Eis

janvāris

Januar

februāris

Februar

marts

März

aprīlis

April

maijs

Mai

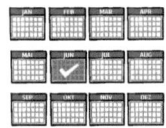

jūnijs

Juni

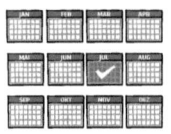

jūlijs

Juli

augusts

August

gads - Jahr

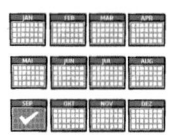

septembris
....
September

oktobris
....
Oktober

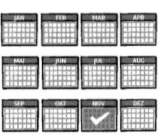

novembris
....
November

decembris
....
Dezember

formas
Formen

aplis
....
Kreis

kvadrāts
....
Quadrat

četrstūris
....
Rechteck

trīsstūris
....
Dreieck

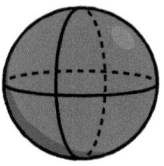

lode
....
Kugel

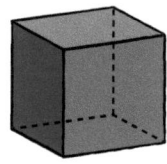

kubs
....
Würfel

balts

weiß

dzeltens

gelb

oranžs

orange

sārts

pink

sarkans

rot

lillā

lila

zils

blau

zaļš

grün

brūns

braun

pelēks

grau

melns

schwarz

daudz / maz

viel / wenig

saniknots / miermīlīgs

wütend / friedlich

skaists / neglīts

hübsch / hässlich

sākums / beigas

Anfang / Ende

liels / mazs

groß / klein

gaišs / tumšs

hell / dunkel

brālis / māsa

Bruder / Schwester

tīrs / netīrs

sauber / schmutzig

pilnīgs / nepilnīgs

vollständig / unvollständig

diena / nakts

Tag / Nacht

miris / dzīvs

tot / lebendig

plats / šaurs

breit / schmal

baudāms / nebaudāms
genießbar / ungenießbar

nikns / laipns
böse / freundlich

satraukts / garlaikots
aufgeregt / gelangweilt

resns / tievs
dick / dünn

pirmais /pēdējais
zuerst / zuletzt

draugs / ienaidnieks
Freund / Feind

pilns / tukšs
voll / leer

ciets / mīksts
hart / weich

smags / viegls
schwer / leicht

izsalkums / slāpes
Hunger / Durst

slims / vesels
krank / gesund

nelegāls / legāls
illegal / legal

inteliģents / dumjš
intelligent / dumm

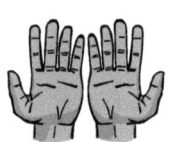

kreisais / labais
links / rechts

tuvu / tālu
nah / fern

jauns / lietots

neu / gebraucht

nekas / kaut kas

nichts / etwas

vecs / jauns

alt / jung

ieslēgts / izslēgts

an / aus

atvērts / slēgts

offen / geschlossen

kluss / skaļš

leise / laut

bagāts / nabags

reich / arm

pareizi / nepareizi

richtig / falsch

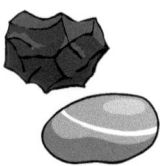

raupjš / gluds

rau / glatt

noskumis / laimīgs

traurig / glücklich

īss / garš

kurz / lang

lēns / ātrs

langsam / schnell

slapjš / sauss

nass / trocken

silts / vēss

warm / kühl

karš / miers

Krieg / Frieden

0

nulle

null

1

viens

eins

2

divi

zwei

3

trīs

drei

4

četri

vier

5

pieci

fünf

6

seši

sechs

7

septiņi

sieben

8

astoņi

acht

9

deviņi

neun

10

desmit

zehn

11

vienpadsmit

elf

12

divpadsmit

zwölf

13

trīspadsmit

dreizehn

14

četrpadsmit

vierzehn

15

piecpadsmit

fünfzehn

16

sešpadsmit

sechzehn

17

septiņpadsmit

siebzehn

18

astoņpadsmit

achtzehn

19

deviņpadsmit

neunzehn

20

divdesmit

zwanzig

100

simts

hundert

1.000

tūkstotis

tausend

1.000.000

miljons

million

anglu

Englisch

amerikāņu anglu

Amerikanisches Englisch

ķīniešu mandarīnu valoda

Chinesisch Mandarin

hindi

Hindi

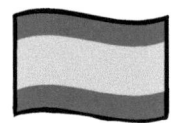

spāņu

Spanisch

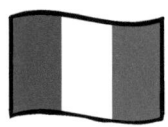

franču

Französisch

arābu

Arabisch

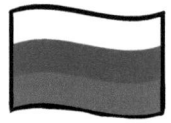

krievu

Russisch

portugāļu

Portugiesisch

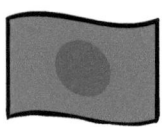

bengāļu

Bengalisch

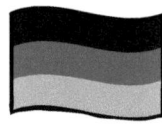

vācu

Deutsch

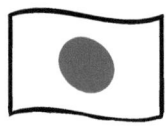

japāņu

Japanisch

es
ich

tu
du

viņš / viņa
er / sie / es

mēs
wir

jūs
ihr

viņi / viņas
sie

kas?
wer?

ko?
was?

kā?
wie?

kur?
wo?

kad?
wann?

HELLO, I AM

vārds
Name

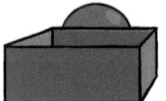

aiz

hinter

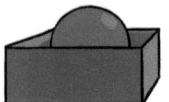

iekšā

in

priekšā

vor

virs

über

uz

auf

zem

unter

blakus

neben

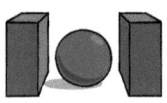

starp

zwischen

vieta

Ort